Stefan Mausbach

Arctic Circle Trail

Pocket Guide

Von Kangerlussuaq nach Sisimiut

Grönland

© Stefan Mausbach 2014

Herstellung und Verlag: Books on Demand GmbH, Norderstedt

ISBN: 9783735723918

Sämtliches Kartenmaterial ist selbst gezeichnet und entstammt in Grundzügen OSM© und eigenen GPS-Koordinaten.

Warum dieses Buch?

Ist ein weiteres Reisebuch notwendig? Reichen nicht die, die bereits auf dem Markt sind? Die klare Antwort lautet Jein. Es gibt genug Bücher die einem bei der Vorbereitung helfen, einen auf Grönland einstimmen und Geschichte und Kultur näher bringen. Möchte man aber so ein Buch unbedingt mit auf die Wanderung nehmen? Das ist genau die Frage. Mich störte es. Die Bücher waren schwer, einen Tick zu groß und gaben mir nicht die Informationen über den Tag die ich haben wollte. Ich stellte mir ein Buch vor, welches in die Hosentasche passt, welches mir einen Eindruck vom Tag gibt und zugleich die Karte ersetzt. Denn häufig war ich in den Pausen damit beschäftigt die Karten zu studieren, die Entfernungen abzuschätzen und zu schauen wo ich überhaupt bin.

Ich wollte eine kleine Übersichtskarte haben mit Kilometerangaben und markanten Punkten. Für alles Weitere reicht morgens und abends die große Karte. Aber für zwischendurch hieß es so, immer wieder den Rucksack absetzen zu müssen. Dieses Buch soll genau dort ansetzen. Es soll die Karte ersetzen, Landmarken zur Orientierung bieten und damit auch gleich noch die restlichen Entfernung angeben. Zusätzlich alternative Routen und Tagesetappen bieten, sowie klein genug für die Hosentasche sein. Die Angaben richten sich auf den Arctic Circle Trail wie er im Sommer 2012 möglich war. Jedes Jahr können sich die Wege minimal ändern. Die Wege sind dafür aber fast immer eindeutig, man käme also auch fast ohne eine Karte zurecht. Braucht man dieses Buch also? Um den Arctic Circle Trail sicher zu laufen definitiv nicht. Aber um ihn entspannter zu laufen und an den fragwürdigen Stellen direkt den richtigen Weg zu nehmen ist es sehr hilfreich.

Auf in die Terra enigmatica!

Sämtliche Karten in diesem Buch wurden selbst gezeichnet. Entfernungen entsprechen gps-kontrolliert dem Maßstab der Karten. Die dicken Punkte stellen 1km Markierungen dar. Die alte Strecke sowie die Strecke des nächsten Tages ist in hellerer Farbe dargestellt. Die Entfernung lässt sich so sehr gut abschätzen, gilt aber natürlich nur näherungsweise. Die Karten wurden nach eigenen GPS-Koordination sowie nach OSM© als Vorlage erstellt.

Kangerlussuaq

Kangerlussuaq ist ein alter Militärflughafen, der im zweiten Weltkrieg von den Amerikanern errichtet wurde. Heute ist er der einzige internationale und ganzjährig geöffnete Flughafen in Grönland. Die Einreise erfolgt über Kopenhagen mit einer mehrmals wöchentlich stattfindenden Direktverbindung. Weitere Verbindungen nach Kanada z.B. sind geplant. Die Zeitverschiebung liegt bei 4 Stunden. Der Flughafen ist simpel gestaltet. Man kann ihn nur nach Norden verlassen. Direkt gegenüberliegend auf der anderen Straßenseite findet sich ein gut sortierter Supermarkt. Unmittelbar daneben steht noch ein kleiner Kiosk. Die Preise sind relativ hoch, dass Essen für den Trail bringt man daher besser aus seinem Heimatland mit. Vor allem sollte man an Sonnencreme denken, diese kostet hier knapp 20 €. Spiritus als auch Gaskartuschen lassen sich vor Ort erwerben. Benzin gibt es an der nahe gelegenen Tankstelle. An Unterkünften gibt es mehrere Hotels, die allerdings alle recht kostspielig sind. Direkt hinter der Polar Lodge (Richtung Westen), findet sich ein Camping Platz. In der Polar Lodge als auch im Souveniershop des Flughafens lassen sich die drei Karten erwerben. Nötig sind Kangerlussuaq, Pingu und Sisimiut. Aber die Karten lassen sich auch deutlich günstiger im Ausland erwerben. Am Campingplatz befindet sich eine kleine Hütte in der man kochen kann. Hier findet man oft zurückgelassene Gegenstände. Häufig sind Spiritus, Gaskartuschen und Benzin dabei. Unter Umständen macht es daher Sinn, hier zuerst zu schauen bevor man in den Supermarkt geht. Auf der Südseite des Flughafens, man muss hierfür einmal den Flughafen an der Ostseite umrunden, finden sich weitere Hotels. Daneben gibt es eine Jugendherberge, die preislich erschwinglich und nett eingerichtet ist. Immer wieder wird diskutiert, ob sie ganzjährig geöffnet werden soll. Nach einem „Youth Hostel" zu fragen macht allerdings keinen Sinn, Grönländer kennen diesen Ausdruck nicht. Stattdessen sollte man sich nach dem Vandrehjem erkundigen.

In Kangerlussuaq gibt es nur eine Hauptstraße. Nach Westen hin ist sie betoniert und führt zum Hafen sowie nach Kellyville. Nach Osten führt sie zum Inlandeis als Schotterpiste. Das Inlandeis ist einen Ausflug wert. Es werden Tagestouren angeboten, zu Fuß hin und zurück sind es insgesamt 4 Tage. Auf dem Weg zum Inlandeis gibt es die Chance, Herden von Moschusochsen zu sehen.

1. Etappe

67°1'4NN 50°42'13"W -> 66°59'42NN 50°58'52"W

Es ist möglich, direkt am Ankunftstag den Trail zu starten. Allerdings ist der Weg recht lang. Bis Kellyville sind es knapp 12km, zwei zusätzliche Kilometer bis zum zweiten See sowie weitere ca. 2,5km bis zur ersten „Hütte". Dies ist ein alter Wohnwagen, er lässt sich aber für eine Übernachtung nutzen. Alternativ gibt es kurz nach Kellyville noch ein altes verlassenes Bürogebäude. Der schönste Platz ist aber selbstverständlich der erste See den man nach Kellyville erreicht. Bevor man startet, sollte man sich noch mit Wasser ausstatten, auf den ersten 9km gibt es keine Auffüllmöglichkeit und die Sonne sowie der Asphalt können ganz schön zehren. Der Weg an sich ist einfach zu laufen aber recht langweilig. Es geht für knapp 8-9km über eine Straße mit Betonplatten. Häufig geht es bergauf was mit dem am Anfang sehr schweren Rucksack ein wenig an der Laune rütteln kann. Gegen Ende der Betonstraße geht es bergab Richtung Hafen. Bevor man diesen aber erreicht, zeigt ein Schild Richtung Kellyville dem man folgt. Von hier sind es erneut 3km die stetig bergauf über eine Schotterpiste führen. Nach ungefähr 1,5km auf der Schotterpiste erreicht man den ersten See. Bei Bedarf kann man hier seine Trinkvorräte auffüllen. Kellyville erscheint unmittelbar nach dem Ende des Sees auf der linken Seite. Es sind nur wenige Häuser die sich an eine riesige Satellitenschüssel angliedern. Kellyville ist primär ein Forschungsort. Der Weg führt nun strikt nach Norden und es geht über den letzten Anstieg des Tages. Die Schotterpiste macht bei Erreichen eines Plateaus einen Knick nach links und führt weiter bergauf. Am Ende steht das alte Bürogebäude. Der Arctic Circle Trail verlässt an diesem Punkt die Schotterpiste und folgt weiterhin nach Norden. Steinhaufen mit dem typischen roten Halbmond heissen einen auf dem Trail willkommen. Bis hierhin ist es möglich mit dem Taxi zu fahren. Die Kosten liegen bei knapp 10€ pro Person. Der Weg führt nun recht steil bergab zum See. Es kann sehr rutschig sein und man kann hier schon einen guten Vorgeschmack auf den Rest des Trails bekommen. Während eines heissen trockenen Sommers sollte der Weg trocken und ohne Probleme zu Begehen sein. Gegen Ende des Sommers kommt es häufiger zu Regenepisoden. Damit staut sich Wasser auf den Trampelpfaden, es wird matschig und teils nicht begehbar, so dass man Ausweichrouten braucht. Der Abstieg kann sehr rutschig sein und es gibt mehrere Wege. Einer hält sich mehr im Norden und ist etwas schwieriger, der andere folgt Autospuren hinab zum See. Die beste Campingmöglichkeit bietet sich am nördlichen Teil des Sees. Der Boden ist hier sehr weich und komfortable. Am morgen lohnt sich ein kurzer Aufstieg auf den kleinen Fels nordwestlich, ungefähr 200m entfernt. Von hier bietet sich eine wunderbare Aussicht über den See.

Der weitere Weg zum Campingwagen wird in der nächsten Etappe beschrieben.

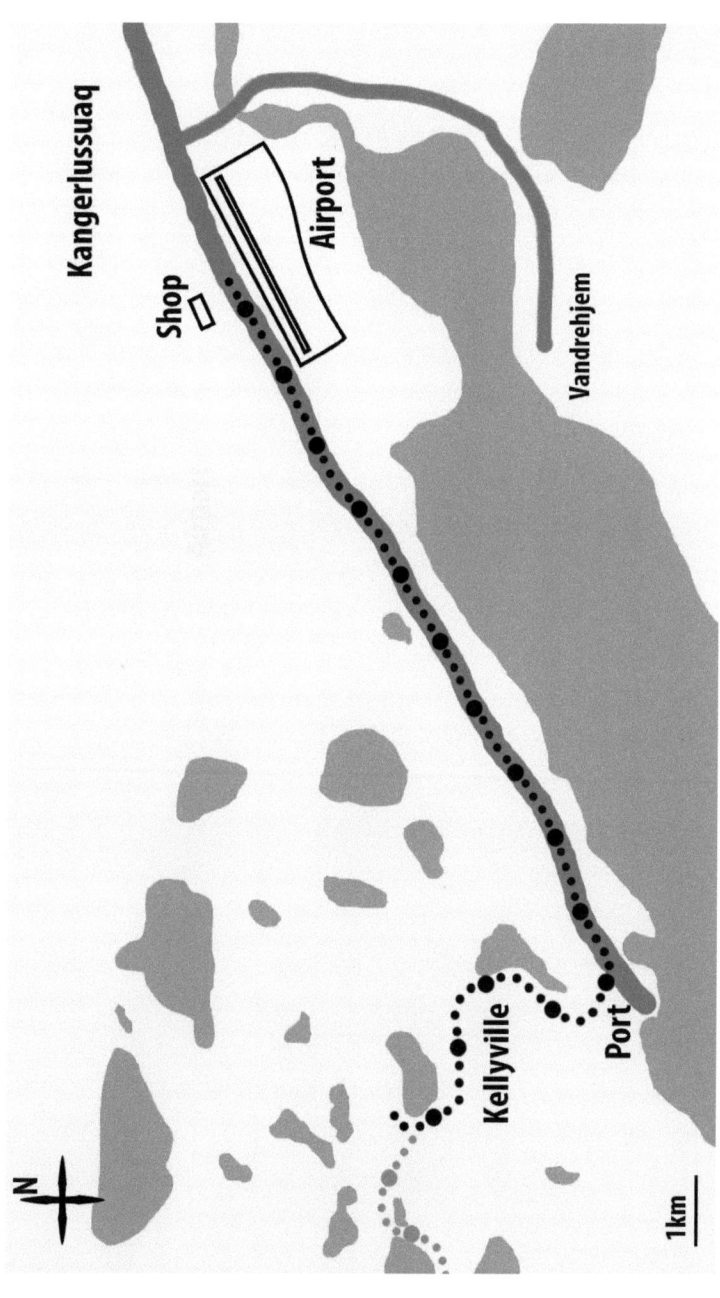

2. Etappe

66°59'42NN 50°58'52"W -> 66°56'54NN 51°15'30"W

Heute steht der erste echte Tag auf dem Arctic Circle Trail an. Sollte man ein Taxi genutzt haben um bis nach Kellyville zu kommen, kann dies selbstverständlich auch die erste Etappe sein. Der Weg führt vom See leicht bergauf. Hier bekommt man einen guten Eindruck wie der Rest des Trails sein wird. Oft hat man kleine Trampelpfade, manchmal aber auch gar keinen Weg oder auch mal nur einen Weg durch dichtes Gestrüpp. Nach kurzer Zeit passiert man einen kleinen See zur linken der ebenfalls eine Übernachtungsmöglichkeit bietet. Die nächsten drei Seen sind als Salzseen klassifiziert. Man sollte das Wasser aber einmal probieren, es hat einen wunderbaren Geschmack mit einer nur sehr leicht salzigen Note. Der Weg führt am ersten Salzsee vorbei und macht dann eine Biegung nach links, so dass man praktisch zwischen den zwei Seen auf einem teils sandigen Bereich kreuzt. Kurz bevor man die Mitte des zweiten Sees erreicht, kann man zu seiner linken auf dem Hügel liegend den alten Campingwagen erkennen. Der dritte See ist auf Anhieb noch nicht zu erkennen, der Weg ist aber durch ein Steinzeichen gut zu erkennen. Den See passiert man an seinem Südufer und im Anschluss geht es ein wenig hoch und runter. Es folgt noch einmal ein etwas steilerer Anstieg der einen aber mit einer schönen Aussicht auf den nächsten Süßwassersee entlohnt. Sollte man hier knapp mit seinen Wasservorräten sein, sollte unbedingt nachgefüllt werde. Auf der Karte sieht es vermeintlich danach aus, dass man regelmäßig an kleineren Seen vorbei kommt. Diese liegen aber relativ abseits und sind nicht so leicht zu erreichen. Die näherliegenden Seen wirken eher wie kleine Tümpel und laden nicht zum Nachfüllen der Vorräte ein. Vom See aus führt der Weg kontinuierlich weiter nach Westen und es folgt ein Anstieg über knapp 100 Höhenmeter. Der erste Teil ist etwas anstrengender zu laufen, der zweite Teil steigt nur noch sanft an. Nur für relativ kurze Zeit bewegt man sich auf dem Plateau, bis bereits der nächste große, zweigeteilte See in Sicht kommt. Wenig später, kurz bevor es bergab zum See geht, erkennt man bereits die Stelle an der der Verbindungsfluss des Sees zu überqueren ist. Anfänglich wirkt es noch, als könnte man mit seinen Schuhen durchlaufen. Schnell versinkt man aber im Wasser. Das Gras gaukelt einem ein falsches Gefühl von Trittsicherheit vor. Empfehlenswert ist daher direkt nach dem Abstieg auf die Sandalen zu wechseln. Die Überquerung ist sehr leicht. Die Strömung ist langsam und das Wasser gerade einmal knietief. Auf der anderen Seite folgt direkt ein steiler Anstieg. Hier bedarf es auch etwas Trittsicherheit. Man erreicht wieder ein Plateau auf dem man sich noch für maximal 5 Minuten bewegt. Dann kommt ein verhältnismäßig sanfter Abstieg zu den zwei Campingmöglichkeiten und dem Ende der zweiten Etappe. Unmittelbar zur Rechten, hinter kleinen Hügeln, findet sich ein vor allem blickgeschützter Campingbereich. Zur Linken, auf der Westseite des Sees ist der andere schöne Campingplatz. Hier sollte man aber den Bodenbereich testen, auf dem man sein Zelt errichten möchte. Der Boden ist hier an manchen Stellen sehr durchnässt und dementsprechend weich.

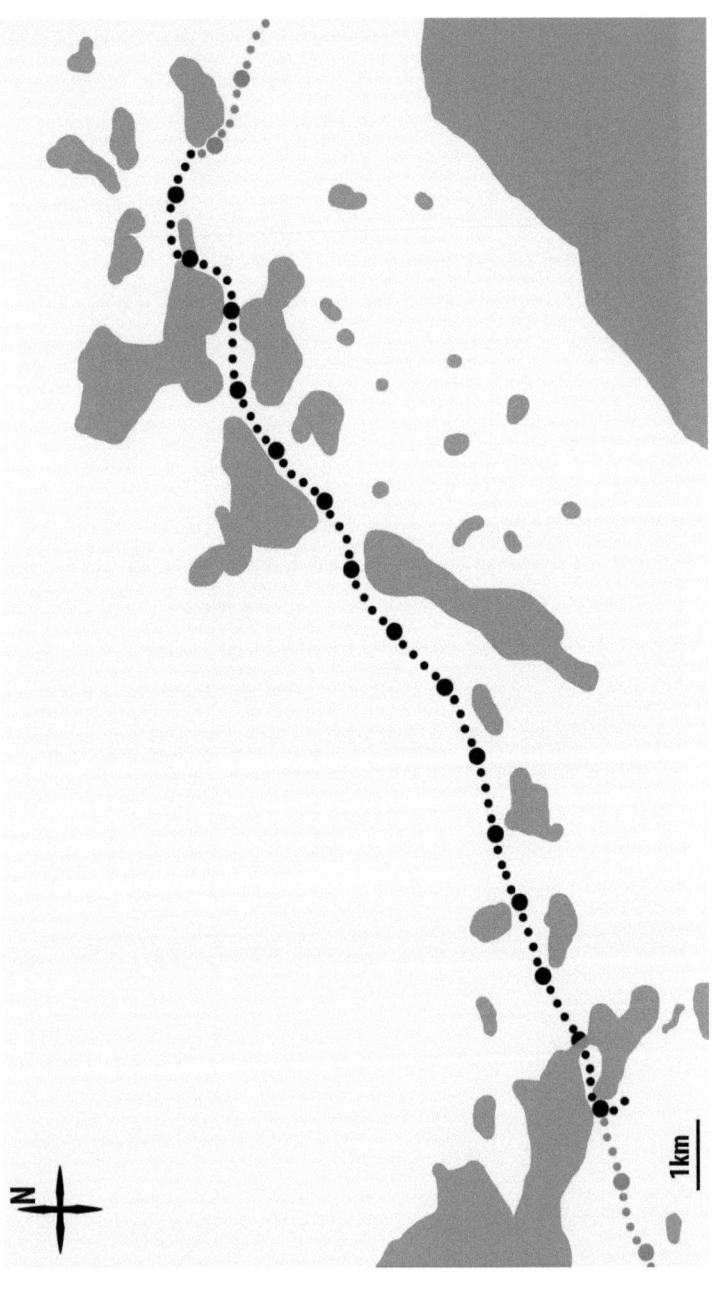

3. Etappe

66°56'54NN 51°15'30"W -> 66°54'45NN 51°33'18"W

Dieser Tag wird recht lang, man sollte daher nicht zu spät starten. Dafür ist speziell der letzte Teil sehr einfach zu laufen, denn der Weg verläuft relativ eben entlang des Sees.

Vom Übernachtungsort aus führt der Weg den Hügel hinauf, die Steigung ist aber sehr angenehm zu laufen und überfordert einen am frühen Morgen nicht. Auf dem Plateau kann es erneut sehr matschig und vor allem auch windig sein. Nach kurzer Zeit kommt man an kleineren Seen und Tümpeln vorbei. Scheinbar geht der Weg nach Südwesten. Dieser Weg führt allerdings nur zu einem Hang der nicht begehbar ist, aber einen durchaus schönen Ausblick bietet. Der eigentlicher Weg führt nach Nordwest und ist nicht gut zu erkennen. Hier hilft es, sich am markierten Steinhaufen zu orientieren den man genau an der Kante des Plateaus findet. Sobald man den Steinhaufen erreicht hat, sieht man schon den Weg zum Amitsorsuaq, den man die nächsten zwei Tage entlang laufen wird. Dies wird einer der schönsten Abschnitte der gesamten Tour. Aber zuerst geht der Weg teilweise etwas steil bergab, ist aber immer ohne Probleme machbar. Nach ungefähr 5 Minuten sieht man die erste rote Hütte auf einer kleinen Landzunge auftauchen. Sollte man eine reine Hüttentour planen, wäre dies nun das Ziel der zweiten Etappe. Also vom Wohnwagen bis zu dieser Hütte. Nun gibt es natürlich die Möglichkeit den Tag schon zu beenden. Die Zeit bis hierher sind ungefähr 2-3 Stunden. Der See lädt sehr zum Entspannen ein. Weiterhin gibt es hier die Möglichkeit Kanus zu finden. Insgesamt 6 Kanus verqueren auf diesem See, eines davon hat ein Loch, soll aber trotzdem nutzbar sein. Die Kanus sind aus Aluminium und bieten Platz für zwei Personen inklusive Gepäck für eine Gesamtlast von 400kg. Aber auch 3 Personen sollten möglich sein. Paddel und Schwimmwesten sind vorhanden. Speziell im August sollte man seinen Tag hier beenden, wollte man den See mit einem Kanu queren. Am Nachmittag kommt regelmäßig teils recht starker Wind auf und der Wellengang ist dann zu viel für die Kanus. Die Hütte selbst bietet Platz für 6 Personen. Diesen Hüttentyp wird man noch mehrmals finden.

Der Weg von hieran folgt im Uhrzeigersinn dem See. Das Nordufer ist an den meisten Stellen nicht begehbar und scheidet daher als Möglichkeit aus. Der Weg führt entlang eines kleinen Sandstrandes und geht immer ein wenig hoch und runter. Insgesamt gilt es über die nächsten Stunden drei Steinfelder zu überwinden. Das erste Steinfeld ist unproblematisch, man sollte nur aufpassen wo man hintritt. Von dieser Kategorie wird es noch mehrere in den folgenden Tagen geben. Das nächste Steinfeld ist deutlich größer, aber immer noch relativ unproblematisch. Klettereinlagen sind nicht notwendig, aber mit einem schweren Rucksack muss man sich von Zeit zu Zeit doch einmal an den großen Steinen abstützen. Ungefähr 800m später erreicht man das letzte und problematischste Steinfeld. Es sieht eher so aus, als ob der Hang komplett abgerutscht wäre. Hier gilt es zu klettern, schwere Rucksäcke müssen an manchen Stellen von Stein zu Stein geschoben werden. Dies ist das letzte Hindernis des Tages, der Weg ist im Anschluss sehr leicht zu laufen und liegt in der Regel nah am Wasser. Oftmals ist der Weg zum Wasser aber sehr steil und ein Auffüllen der Wasserflaschen nicht möglich. Dies sollte man zur Not noch einmal unmittelbar nach dem letzten Steinfeld tun. In der Ferne sieht man schnell zwei kleine Landzungen auftauchen. Die Erste ist ein Aussichtspunkt, die Zweite der Endpunkt der heutigen Etappe. Auf dem Weg passiert man kleinere Flüsse sowie einen etwas größeren, die jeweils in den See münden. Die Überquerung ist absolut unproblematisch, der Boden kann allerdings sehr aufgeweicht und matschig sein. Auf der zweiten Landzunge findet sich ein kleiner Hügel, so lässt sich das Zelt immer im Windschatten errichten.

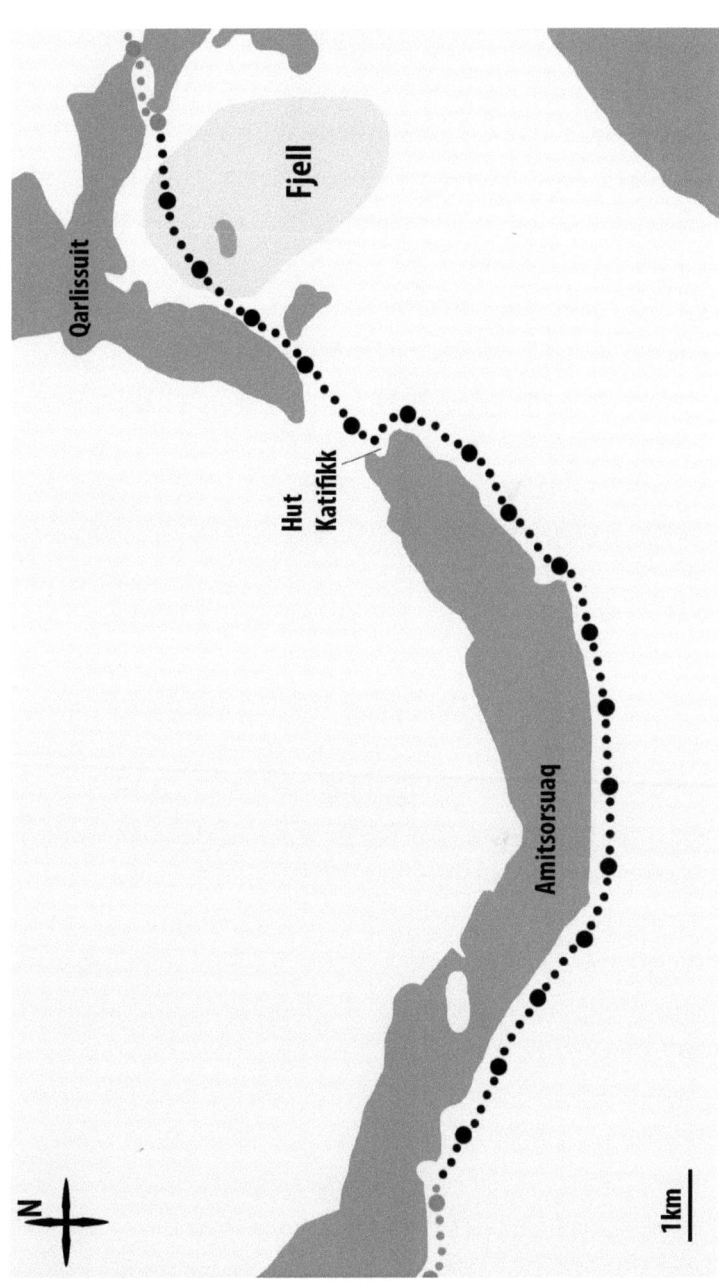

4. Etappe

66°54'45NN 51°33'18"W -> 66°57'39NN 51°55'6"W

Der heutige Tag erlaubt zwei Möglichkeiten. Bei Erreichen des Kanu-Centers kann dort die Etappe beendet werden, oder man verlängert die Etappe deutlich und erreicht den nächsten See. Sollte man in der ersten Hütte übernachtet haben, ist das Kanu-Center die nächste Hütte.

Der Weg von der Landzunge aus ist sehr simpel zu finden und folgt konstant dem See. Er ist eher leicht zu laufen, von Zeit zu Zeit findet man aber wieder die matschigen und schlammigen Bereiche, wo Flüsse in den See münden. Nach ungefähr 5,5km erreicht man eine weitere Landzunge. Hier findet sich ein kleiner Sandstrand sowie gute Campingmöglichkeiten. Von hier lässt sich bereits das riesige Kanu-Center in der Ferne erkennen, der Weg dorthin ist aber ungefähr noch eine Stunde. Es folgt erneut ein kleiner Fluss, den es zu queren gilt. Dieser macht keine Probleme. Kurze Zeit später aber hat man zwei Optionen. Der einfachere Weg führt über den Hügel und man sollte sich frühzeitig nach links orientieren um den Weg nicht zu verpassen. Folgt man den ausgetretenen Wegen nach rechts, wird man direkt zum See hinunter geführt. Hier gilt es eine schwierige Stelle zu überwinden. Diese ist ungefähr 50m lang. Es geht auf schmalen Wegen entlang des Hangs und ein wenig Trittsicherheit wird verlangt. Wenig später endet der Weg aber und man sollte sich seine Sandalen Anziehen. Ungefähr 5-6m muss man im See zurücklegen. Das Wasser ist allerdings seicht und reicht nicht einmal knietief. Sobald man diese Passage überwunden hat, ist der Weg wieder sehr einfach. Nach kurzer Zeit, ungefähr 15 Minuten, erreicht man von hier aus das Kanu-Center. Das Kanu-Center bietet insgesamt 3 Räume. In einem ist eine großzügige Küche untergebracht. Ausserhalb findet man 2 Toiletten. Diese müssen von Zeit zu Zeit gereinigt werden. Der Beutel, in den „Alles" fällt, sollte man daher nicht zu weit füllen. In der

Nähe der Toiletten findet sich ein Container für die Entsorgung. Im Winter werden die gefrorenen Beutel dann eingesammelt.

Wenn man zur Mittagszeit angekommen ist, und sich nach wie vor gut fühlt, kann man die Etappe noch fortsetzen. Sie zieht sich aber noch sehr und bietet einige anstrengende Passagen. Der Weg folgt dem See noch für ein kurzes Stück, bis die Flussmündung erreicht wird. Hier wird es sehr matschig und man hält sich besser ein Stück vom See entfernt. An dieser Stelle sieht man häufig viele Kanus. Wenn man also den Weg in umgekehrter Richtung geht, ist die Chance ein Kanu zu erwischen deutlich größer. Am Fluss sollte man noch einmal seine Wasservorräte auffüllen, dies ist die letzte Chance für den Tag bis man den nächsten See erreicht. Ein Steinzeichen suggeriert, dass man den Fluss überqueren soll, dies macht wenig später aber eine zweite Überquerung notwendig. Geschickter ist es daher, sich weit nach Westen zu halten. Im Prinzip folgt man dem Fluss der dem Amitsorsuaq entspringt bis zu seiner Mündung im Kangerluatsiarsuaq. Der Weg ist nach „links" von einer Hügelkette begrenzt und nach „rechts" durch den Fluss. Aber je weiter westlich man sich hält, desto mehr hat man die Chance trockenen Fußes anzukommen. Der Weg führt in nordwestlicher Richtung um einen Hügel. Mit etwas Glück kann man in diesem Bereich Rentiere beobachten. Nach kurzer Zeit kommt der nächste See in Sicht. Von hier an geht es nur noch bergab. Der See wirkt deutlich näher als er letztendlich ist, man läuft mindestens eine Stunde. Bei den oft schlammigen und matschigen Wegen sollte man aber lieber 1,5 bis 2 Stunden einplanen. Die Steinzeichen leiten nahe des Hügelkammes entlang nach Nordwest.

Am See gibt es nur einen guten Zeltplatz. Dieser liegt unmittelbar an der Mündung des Flusses der dem Amitsorsuaq entspringt. Eine dänische Gruppe brachte zwei Kanus vom Amitsorsuaq hierher. Diese verqueren vermutlich zwischen diesem Punkt und dem Ursprung des Itinneq. Es sollte ungefähr 3-4 Stunden dauern um die Strecke mit einem Kanu von hier bis zum

Itinneq zurückzulegen, würde aber vermutlich einen gesamten Tag sparen. Hierfür hält man sich entlang der Küste des Kangerluatsiaruag bis dieser im Tasersuaq mündet. Diesem See folgt man in der Nähe zur Küste bis zu seiner Mündung im Itinneq.

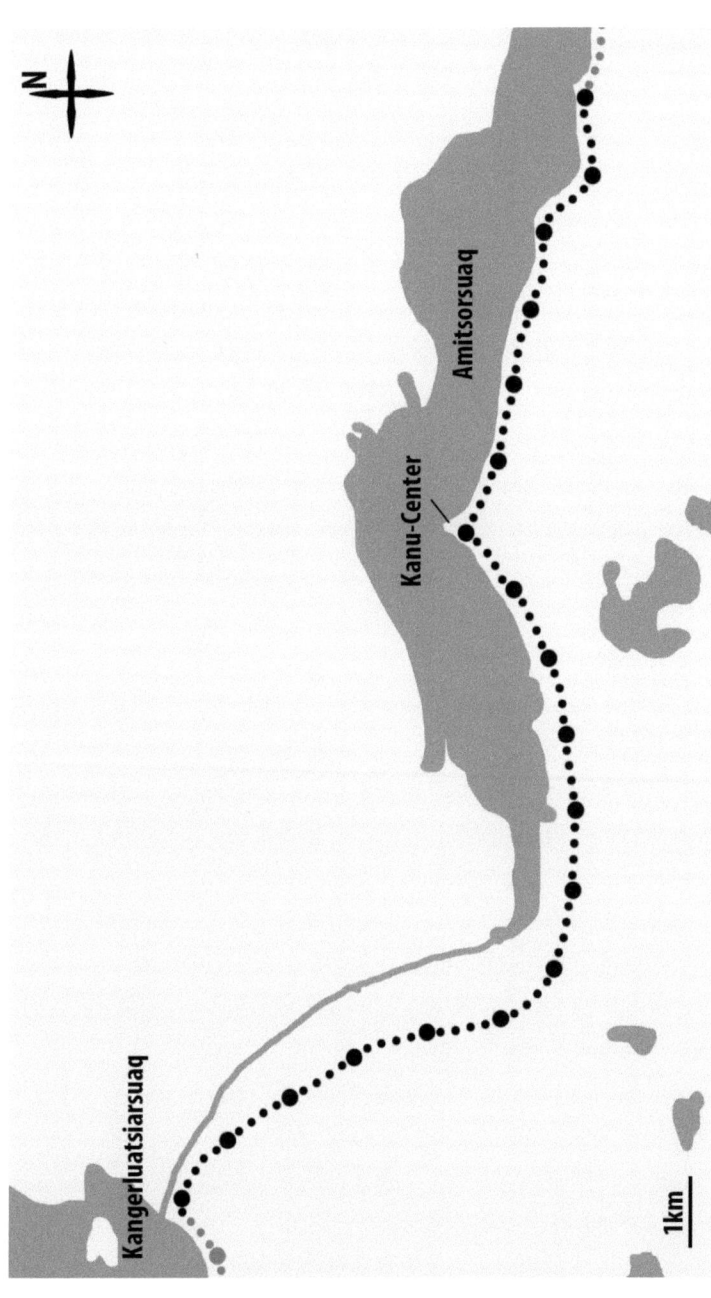

5. Etappe

66°57'39NN 51°55'6"W -> 66°58'20NN 52°10'10"W

Sollte man sich für ein Kanu entschieden haben, folgt der Weg entlang der Küste. Wenn man diese kontinuierlich auf seiner linken Seite hat, erreicht man automatisch den Itinneq. Hier muss man nur den richtigen Punkt finden, wo man das Kanu zurück lässt. Am geschicktesten ist dies direkt am Anfang des Flusses/Ende des Sees. Wenn man kein Kanu nimmt, oder einfach keines vorhanden ist, führt der Weg den Hügel nach oben. Hier geht es kontinuierlich aufwärts, teils sogar recht steil. Man hat zwei kleinere Flüsse zu queren, diese Stellen überhaupt kein Problem dar, sollten aber als Wasserquelle genutzt werden. Man kommt an diesem Tag an vielen kleinen Seen und Teichen vorbei. Allerdings sind dies stehende Gewässer und sehen nicht so sauber aus. Gegen Ende der Etappe überquert man noch kleinere Flüsse, aber auch diese sehen nicht so sauber aus. Teilweise sind sie sogar etwas schaumig wie die Seen zuvor. Sobald man auf dem Fjell angekommen ist, geht es kontinuierlich leicht bergauf und bergab. Der Boden ist hier aber sehr fest, und so ist das Auf und Ab etwas leichter als die Tage zuvor. Heute kann übrigens der erste Tag sein, an dem man auf die berüchtigten Moschusochenfliegen trifft. Sobald man in Kontakt mit ihnen kommt, sollte man sich ein Netz über den Kopf ziehen. Die Fliegen sind sehr aggressiv und versuchen in Nase und Ohren zu fliegen. Besonders hervorzuheben ist heute die Aussicht. Vom Fjell hat man einen wunderbaren Blick über den Tasersuag mit seinem langen Ausläufer nach Osten. Es dauert nicht lange, und man sieht die im Jahr 2012 renovierte Hütte. Von hier an sind es noch knapp 30 Minuten bis man die Hütte erreicht hat. Die Hütte bietet eine Kochstelle sowie 4-7 Schlafmöglichkeiten. Etwas bergab von der Hütte befindet sich ein See. Dieser bietet die nächstbeste Süßwasserstelle und eignet sich auch zum fischen. Allerdings liegt um die Hütte rum sehr viel Toilettenpapier, die meisten Wanderer scheinen sich nicht weit von der Hütte zu entfernen um ihr Geschäft zu verrichten. Das Wichtigste für diesen Tag zusammengefasst sind die Wasservorräte im ersten Drittel der Tour. Man erklimmt viele Höhenmeter, dafür kommt man aber relativ früh am Etappenziel an und kann die Nachmittagssonne am See genießen. Hier gibt es keine Moschusochenfliegen mehr.

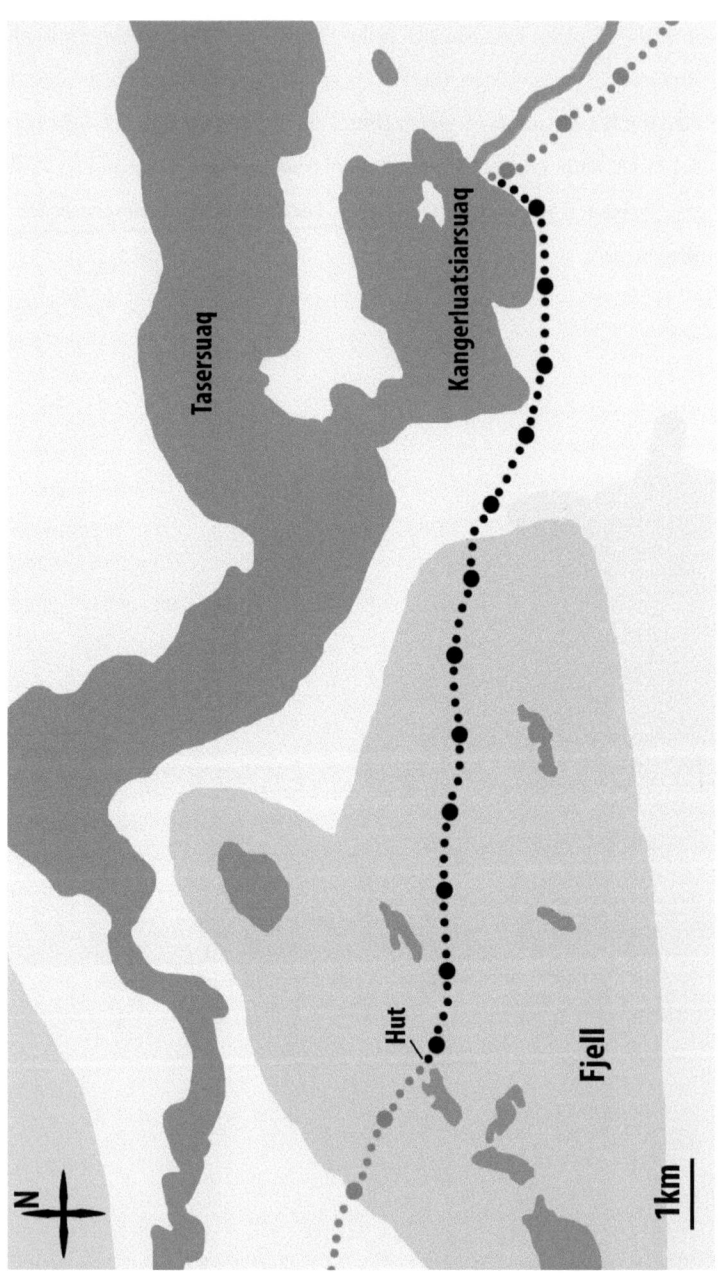

6. Etappe

66°58'20NN 52°10'10"W -> 67°1'3NN 52°28'47"W

Der heutige Tag startet in nordwestliche Richtung und geht gerade am Anfang teilweise sehr steil bergauf. Einige Passagen können dabei rutschig sein. Mehrere Male geht es leicht bergab, im Ganzen erklimmt man aber den Berg, der das Tal des Itinneq nach Süden begrenzt. Nach ungefähr 1-1,5h erreicht man die Spitze und hat einen fantastischen Ausblick über das Tal. Im Tal, aber besonders auf dem Abstieg lassen sich wieder viele Moschusochsenfliegen finden. Am besten zieht man frühzeitig wieder das Netz über den Kopf. Mückenschutzmittel mit einem hohen Anteil an DEED können helfen, aber das Netz hat den gleichen Effekt und man spart Gewicht. Der Weg selbst ist gut ausgetreten und nur manchmal rutschig. Nach ungefähr 30-40 Minuten erreicht man das Tal. Hier verliert sich der Weg und man kämpft durch dichtes Gebüsch. Da es wenig Orientierung gibt, sollte die generelle Laufrichtung nach Nord-Nord-West gehen. Wenn man sich in etwa an diese Richtung hält, kann man in der Mitte des Tals eine blaue Markierung finden. Sie ist ein Steinhaufen mit einer Art Kreuz. Von hier an ist der Weg wieder leicht und man findet den Itinneq wenn man nun einfach auf die gegenüberliegende Bergkette zuläuft. Die Überquerung des Itinneq kann von einfach bis unmöglich alles bieten. Durchschnittlich soll das Wasser etwa hüfthoch reichen. Bevor man sein Gepäck in Einzelteilen rüberbringt, kann es ratsam sein, denn Fluss erst einmal ohne Gepäck zu durchqueren. Auf der Seite von der man kommt, ist das Wasser deutlich seichter. Erst zur anderen Seite hin wird es tief und dort nimmt auch die Strömung zu. Die Steine sind ebenfalls sehr rutschig. Wenn man den Itinneq nicht queren möchte, gibt es in westlicher Richtung eine noch relativ neue Holzbrücke. Über den Stand der Brücke sollte man sich aber im voraus erkundigen. Letztendlich bleibt es jedem selbst überlassen, welchen

Weg man nimmt. Der Itinneq ist aber mit Sicherheit eines der Highlights der Tour. Sobald man seine Ausrüstung auf die andere Seite gebracht hat, folgt der Weg entlang der Felswand. Viele Teile des Weges sind geflutet und dementsprechend matschig. An einer Stelle gilt es eine fast vertikale Steinwand zu queren. Rutscht man hier ab, landet man entweder in einem kleinen See oder im hohen Grass. Dieses Stück ist aber längst nicht so schwierig wie es klingt. Die Wand ist sehr griffig. Und zur Not kann man immer noch einen Schlenker südlich um den kleinen See machen. Von hier an sind es noch ungefähr 1,5-2km bis der Weg wieder aufwärts geht. Von diesem etwas höheren Punkt aus kann man die Brücke erkennen. Ziemlich schnell erreicht man die Hütte, die das Ende der Tagesetappe bedeuten kann. Die Hütte ist älter, bietet aber 4-6 Schlafmöglichkeiten, einen Tisch sowie einen Stuhl und ein WC. Sollte man hier um die Mittagszeit angekommen sein, lohnt es sich noch weiter zu gehen. Allerdings führt der Weg für längere Zeit erst einmal nur bergauf. Nach ungefähr 500m erreicht man einen kleinen Fluss, dieser ist ebenfalls die Frischwasserquelle für die Hütte. Bevor man seinen Weg fortsetzt, sollte man hier seine Vorräte noch einmal auffüllen. Von hier an folgt man einem Weg für Geländewagen. Dieser schlängelt sich den Berg hinauf und ist relativ einfach zu laufen. Dies hängt vermutlich mit dem Bau eines Dammes auf der anderen Seite zusammen. Der Weg geht auf der anderen Seite wieder bergab und leitet zu dem See im nächsten Tal. Hier ist es besonders wichtig, dass man nicht absteigt, sondern am fast höchsten Punkt des Weges den Weg verlässt und sich nach Westen orientiert um dort weiter aufzusteigen. Man kommt an vielen kleinen Seen vorbei, die allerdings allesamt keine schöne Option zum Zelten darstellen. Der Weg ist hier allerdings recht leicht und verläuft relativ ebenerdig. Sobald der Weg beginnt bergab zuführen, erkennt man einen großen See. Dies ist der Endpunkt des Tages. Allerdings bietet die Ostseite keine guten Möglichkeiten zu zelten, hier ist es zu steil. Der Weg führt an der Südseite entlang und es dauert noch ungefähr 30 Minuten bevor man die Westseite erreicht. Hier hat man nun die Qual der Wahl zwischen vielen schönen Zeltplätzen. Sollte man bis hierhin gelaufen sein, kann der nächste Tag etwas ruhiger angegangen werden.

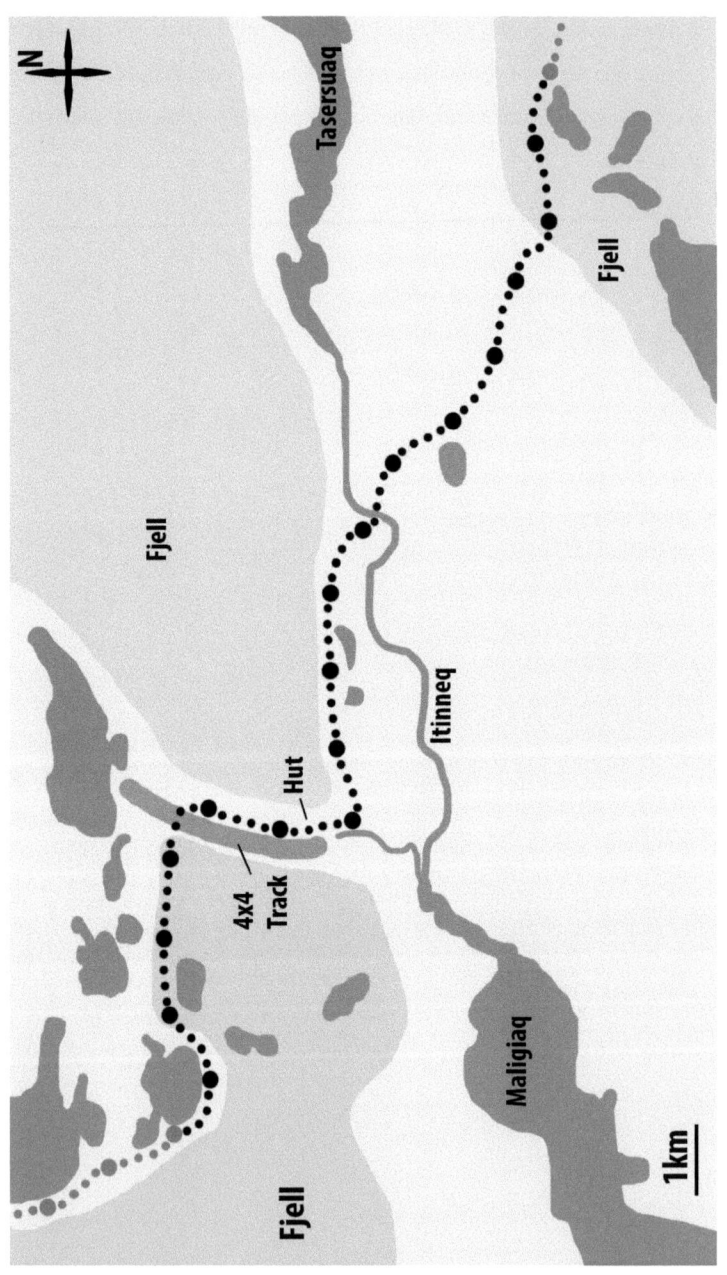

7. Etappe

67°1'3NN 52°28'47"W -> 67°3'5NN 52°32'32"W

Der Weg führt in einem seichten Anstieg nach Norden zum nächstgelegenen See. Der Weg ist anfänglich sehr klar, aber immer wieder führen kleinere Wege etwas den Berg hinauf. Dies könnte sinnvoll sein, sollte der eigentliche Weg geflutet sein. Unter normalen Umständen kann man aber dem normalen Weg folgen bis man am nächsten See ankommt. Diesem folgt man an seiner Westseite. Er mündet in einen Fluss der unmittelbar in den nächsten See fließt. Hier gilt es ein langes Steinfeld zu überqueren mit teilweise sehr matschigen Bereichen dazwischen. Den Weg kann man hier relativ häufig verlieren, aber in der Ferne lassen sich immer kleine Steinmarkierungen finden, die einen auf die richtige Richtung bringen. Insgesamt ändert man seine Richtung auf dem Steinfeld deutlich. Initial folgt man dem See nach Norden, gegen Ende macht man eine große Kurve um am dann in westlicher Richtung zu laufen. Damit folgt man dem Fluss der den kleineren See verlässt. Der nächste Abschnitt kann etwas problematisch sein. Denn der Bereich wird von zwei Flüssen gespeist. Das ganze Gebiet kann knöcheltief geflutet sein. Der Weg führt leicht bergauf, stellt nach der schwammigen Passage aber keine Probleme mehr da. Frühzeitig sollte man sich entscheiden ob man eine der beiden Hütten ansteuern möchte. Die ältere Hütte befindet sich auf dem höchsten Punkt und man hat einen kleinen Aufstieg dorthin. Die neuere Hütte liegt am Ende des Flusses, am nächsten See. Die alte Hütte bietet eine kleine Kochmöglichkeit, einen Tisch mit zwei Stühlen sowie 6 Schlafmöglichkeiten. Die Hütte ist alt aber noch sehr gut in Schuss. Die neuere Hütte direkt am See wurde im Jahr 2009 neu errichtet, nachdem die alte Hütte dort abbrannte. Hier gibt es einen Gemeinschaftsraum mit Tisch und Stühlen sowie zwei Schlafmöglichkeiten sowie einen weiteren Raum mit 6 Schlafmöglichkeiten. Eine Toilette ist ebenfalls vorhanden. Ein Nachteil der älteren Hütte ist die Wasserversorgung. Hier muss man die 500m zum See absteigen. Sollte man sich direkt für die neue Hütte entscheiden oder möchte man am See zelten, hält man sich einfach entlang des Flusses und spart sich den Aufstieg. Letztendlich ist dies eine sehr kurze Etappe. Dies kann aber nach der vorherigen Etappe gut tun, auch sollte man bedenken, dass man in dem sehr schwammigen Bereich sehr viel Zeit brauchen kann.

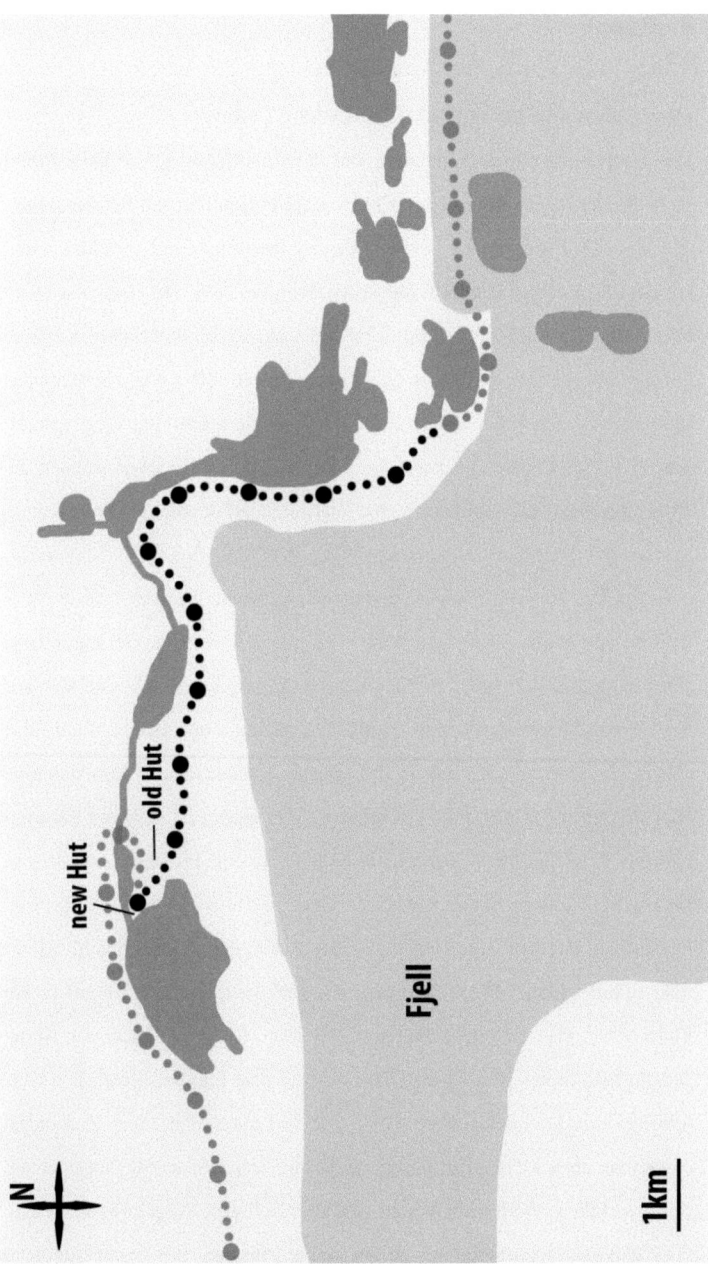

8. Etappe

67°3'5NN 52°32'32"W -> 67°0'23NN 52°57'58"W

Das Erste auf der Agenda ist heute die Flussüberquerung. Der beste Punkt ist Nahe der neuen Hütte. Hier gibt es viele Felsen die sich nutzen lassen. Etwas weiter flussaufwärts ist die Strömung langsamer und der Fluss seichter. Hier lässt er sich ebenfalls gut überqueren. Im Anschluss folgt man dem See an seinem nördlichen Ufer. Läuft man anfänglich noch nord-westlich geht der Weg am Ende des See strickt nach Westen. Allerdings ist zuerst das Fjell zu erklimmen. Ab dem letzten Drittel des Sees führt der Weg bergauf. Auf dem Fjell kann es sehr windig sein. Größere Felsbrocken trennen die einzelnen Wege, man sollte sich aber am besten auf der rechten Seite halten. Hier zeigen Steinmarkierungen den Weg. Am Ende des Fjells ist Vorsicht geboten. Der Weg führt bergab, und der ausgetretene Weg führt einen etwas weiter nach rechts. Der eigentliche Weg mit den Steinmarkierungen liegt aber deutlich weiter links. Dieser Weg ist der einfachere, da man sich auf der rechten Seite durch brusthohe Büsche quälen muss. Letztendlich führt aber auch dieser Weg ins Tal. Hier folgt man einem kleinen Fluss, den man aber immer auf seiner linken Seite lässt. Von hieran ist der Weg eher gemütlich. Er verläuft fast ebenerdig und man hat keine Probleme den Weg zu finden. Man kommt an kleineren Seen vorbei die alle schöne Zeltplätze bieten. Sobald der Weg eine lang gestreckte Kurve nach rechts macht, nähert man sich der Hütte. Diese sieht man erst sehr spät, da man sich auf einem Plateau befindet, das ungefähr 3m tiefer liegt, als das Plateau der Hütte. Sobald man diese sieht, sind es nur noch ein paar hundert Meter. Die Hütte bietet eine Kochgelegenheit sowie 6 recht enge Schlafplätze. Zumindest wenn man oben auf den Pritschen schläft, muss man ein wenig Angst haben, runter zufallen. Weiter im Westen befinden sich gute Angelmöglichkeiten. 50-100m im Süden befindet sich der kleine Fluss der die Wasserquelle an diesem Ort darstellt. Dieser muss ebenfalls am nächsten Tag überquert werden.

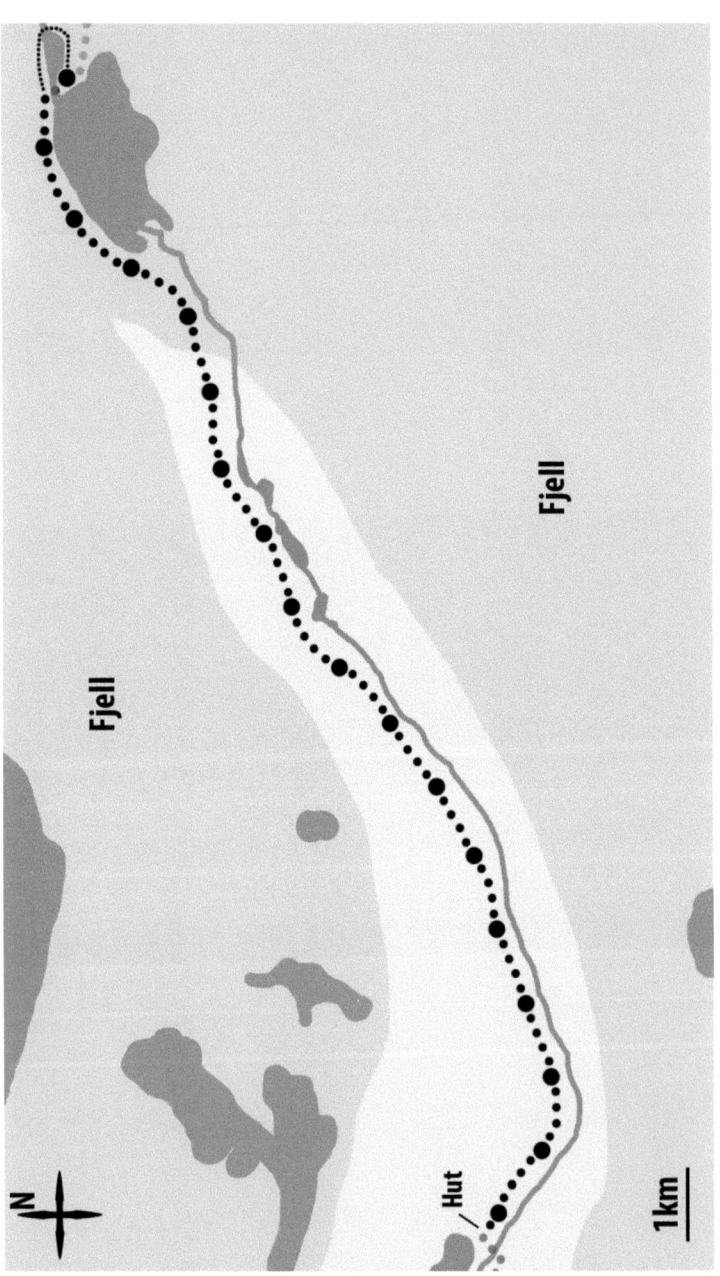

9. Etappe

67°0'23NN 52°57'58"W -> 66°58'49NN 53°15'5"W

Den Fluss kann man im Prinzip an allen Stellen kreuzen. Allerdings ist es 50m flussaufwärts etwas leichter, da hier ein paar große Felsen im Wasser liegen. Allerdings können diese bei hohem Wasserstand überflutet sein. Am besten schaut man sich diese Stellen am Abend zuvor an, um keine bösen Überraschungen zu erleben. Der heutige Tag bietet zwei Möglichkeiten. Sollte es die letzten Tage trocken gewesen sein, ist dieser Tag der einfachste auf der gesamten Tour. Sollte es geregnet haben, ist es der schwammigste und matschigste Tag der gesamten Tour. Man folgt dem Fluss weiter auf seiner südlichen Seite. Von Zeit zu Zeit kommen Flüsse vom Berg herunter. Diese Stellen aber keine Probleme dar. Nach ungefähr einer Stunde erreicht man eine Stelle mit mehr als 2m hohen Büschen. Hier ist es erneut sehr leicht, den Weg zu verlieren. Wenn man sich aber ein wenig am Fluss zu seiner Rechten orientiert, findet man früher oder später den eigentlichen Weg wieder oder trifft auf eine Steinmarkierung. Zwei weitere etwas größere Flussüberquerungen stehen heute an. Sobald der Fluss sich der linken Felswand annähert, erreicht man die erste Flussüberquerung. Es ist unmöglich auf dieser Seite zubleiben. Kurz bevor der Fluss sich komplett der Felswand annähert, kann man über große Steine den Fluss kreuzen. Speziell der mittlere Stein ist so groß, dass man drüber klettern muss. Irritierend ist, dass der Weg noch weiter nach Westen folgt. Letztendlich ist er aber eine Sackgasse und man läuft zurück bis zu einem besseren Punkt zur Überquerung. Nur wenig später muss man den selben Fluss erneut überqueren. Diesmal ist es allerdings deutlich leichter, da der Fluss sehr seicht ist. Kreuzt man an dieser Stelle nicht, bietet sich später keine gute Möglichkeit mehr und man befindet sich auf der falschen Seite des Fjords. Die Stelle ist durch ein Steinzeichen markiert. Von hier an bieten sich zwei Möglichkeiten. Man kann sich ein wenig mehr Richtung des Bergkammes orientieren und hierdurch Strecke sowie nasse Füße sparen, oder man folgt dem eigentlichen Weg und erreicht einen weiteren See. Hier gibt es kleinere Strände und die Möglichkeiten Fische in dem kristallklaren Wasser zu sehen. Folgt man nur dem See, läuft man diesen wie einen Stern ab. Auf der Karte ist dies leider nicht darzustellen. Ganz am Anfang des Sees lässt sich ein weiterer Teil des Sees in der Ferne erkennen. Wenn man auf diesen Teil zusteuert, spart man sich einige hundert Meter, sieht aber immer noch Teile des Sees. Es gibt aber kleinere Flüsse rund um den See rum, die dann durchaus zum Problem werden können. Am See selbst münden sie sehr seicht und sind nur wenige Zentimeter tief und nicht sehr breit. Am westlichen Ende des Sees sieht man bereits wo es hingeht. Von hier an geht es nur noch bergauf, nicht richtig steil, aber es zieht sich. In der Ferne kann man bereits die rote Hütte erkennen. Ungefähr 300m vor der Hütte überquert man einen kleinen Fluss. Dies ist gleichzeitig eine gute Wasserquelle und man kann sich später den Weg sparen. Eine weitere Quelle befindet sich weiter westlich unterhalb der Hütte. Die Hütte ist simpel mit einer Kochgelegenheit, Tisch und Bank sowie sechs Schlafmöglichkeiten. Die Hütte steht nicht am höchsten Punkt, zu diesem sollte man aber aufsteigen um den fantastischen Blick über den Fjord zu genießen.

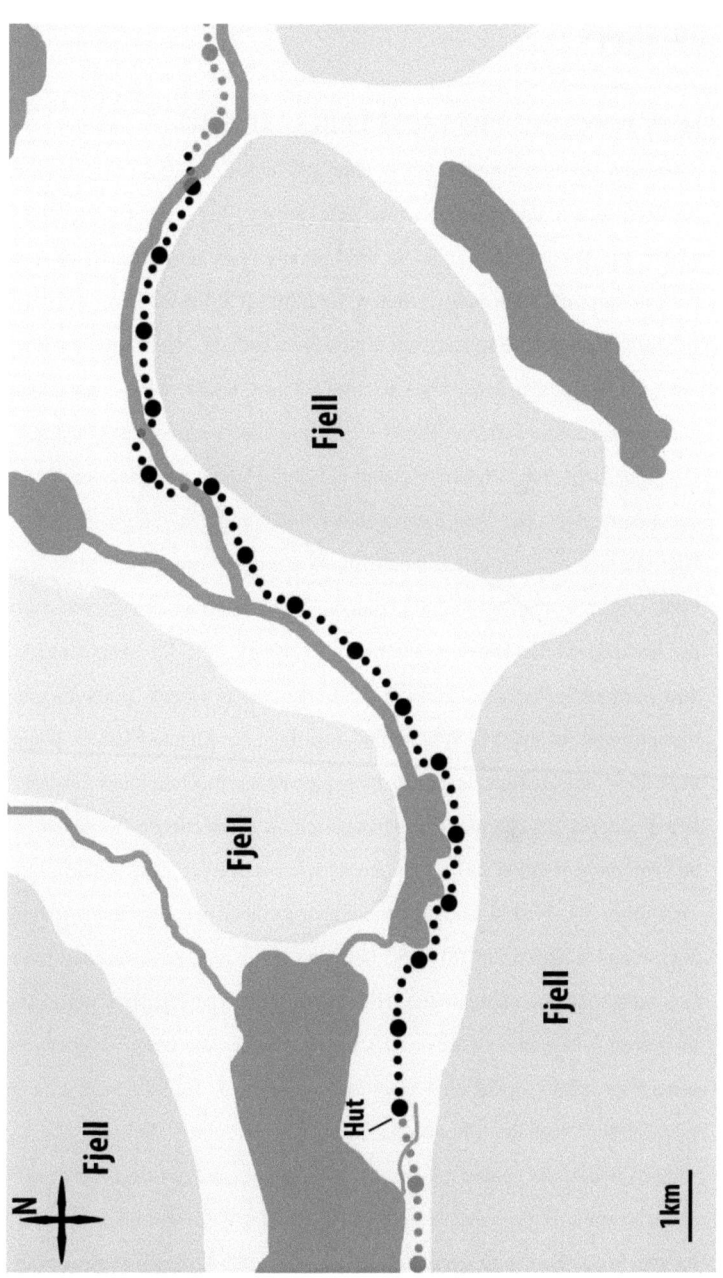

10. Etappe

66°58'49NN 53°15'5"W -> 66°56'18NN 53°34'28"W

Sollte man der Einteilung dieses Buches gefolgt sein, ist dies der letzte Tag der Tour. Zuallererst überquert man den kleinen Fluss den man vielleicht schon vom Wasserauffüllen kennt. Probleme gibt es hier nicht. Direkt am Anfang kann man den Weg verlieren. Er führt nicht flussabwärts, sondern zieht sich weiter am Berghang zur linken Seite entlang. Nach ungefähr 1km führt der Weg dann nach unten Richtung Fjord. Leider muss man später alles wieder rauflaufen. Der Punkt wird von einem kleinen Fluss markiert. Der Weg zieht sich bergauf, bis man auf dem Plateau des nächsten Fjells angekommen ist. Der Weg hier ist sehr einfach und generell gut markiert. Hier hat man noch einmal einen Ausblick auf den Fjord. In der Mitte des Fjells umrundet man ein Steinfeld und bereits nach kurzer Zeit erreicht man das Ende des Fjells. Die Aussicht hier über das gesamte Tal ist spektakulär und vermutlich eine der schönsten Aussichten des gesamten Trails. Es gibt hier unmittelbar auf dem Weg bergab vom Fjell ein kleines Plateau. Wenn man diese unglaubliche Aussicht länger genießen möchte, kann man hier erneut stoppen. Ein kleiner Fluss bietet sich als ausreichende Wasserquelle an. Von diesem Punkt sieht man bereits wie der restliche Tag abläuft. Der Weg führt vom Fjell hinab und hat ein paar steile Abschnitte, ist insgesamt aber leicht zu laufen. Im Tal selbst befinden sich 4 Seen sowie ein mittlerer Fluss den man überqueren muss. Hier gibt es erneut ausreichend Steine um trockenen Fußes anzukommen. Der Fluss selbst ist die beste Möglichkeit seine Flüssigkeitsvorräte ein letztes Mal aufzufüllen, denn die Seen wirken sehr sandig. Nach der Flussüberquerung hat man einen kleineren See zu seiner Linken, die beiden anderen Seen in der Ferne lässt man mit deutlichem Abstand zu seiner rechten Seite liegen. Der Weg führt leicht bergauf, ist aber teilweise etwas schwer zu finden. Es wirkt als hüpft er ein wenig.

Wenn man ihn verliert, sollte man weiter nach links schauen, dort taucht er wieder auf. Sobald man das Plateau erreicht hat, erkennt man schon den Skilift am Hang an der rechten Seite. Wenig später muss noch ein weiterer Fluss über Steine überquert werden. Sobald der Weg in einem kleinen Bogen nach rechts führt, kann man bereits den Flughafen von Sisimiut erkennen. Bevor man allerdings die vielen bunten Häuser erkennen kann, ist erneut ein matschiger Bereich zu überwinden. Sisimiut selbst sieht man aber unmittelbar nach der langgezogenen Linkskurve. Der Weg folgt nun bergab und ist gut befestigt. Lediglich ganz am Ende gab es einen Steinrutsch und man muss ein letztes Mal ein wenig klettern. Aber die Steine können mittlerweile natürlich schon beseitigt worden sein. Sobald man das Tal erreicht hat, ist der Arctic Circle Trail beendet. Bis nach Sisimiut sind es aber noch gute 45-60 Minuten.

Nun hat man es geschafft. Viele Tagen in einer atemberaubenden Umgebung liegen hinter einem. Die vielen Anstrengungen wurden mit fantastischen Aussichten belohnt. Ob man allein unterwegs war oder in einer Gruppe, in Sisimiut wird man gleichgesinnte Wanderer treffen mit denen sich noch einmal über die vergangenen Tage und Erfahrungen sprechen lässt. Der Arctic Circle Trail ist nichts, was so schnell in den Erinnerungen verblassen wird!

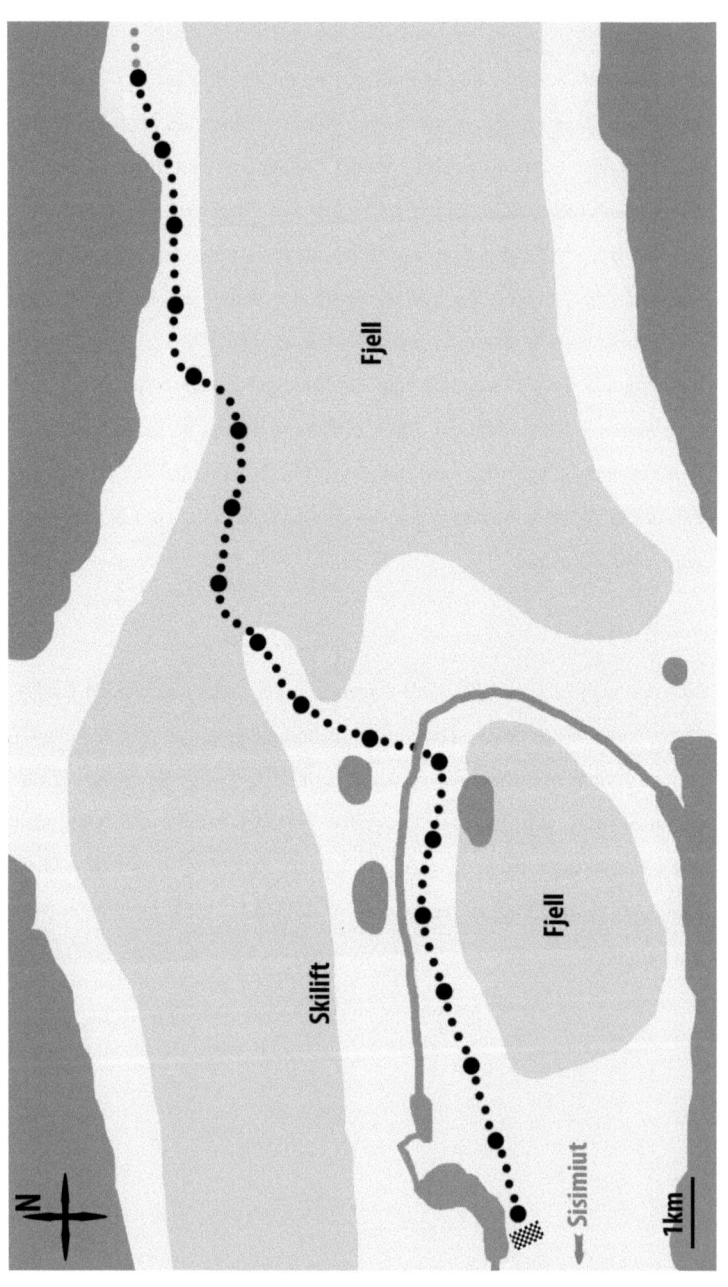

Sismiut

Der Weg vom Arctic Circle Trail bis nach Sisimiut zieht sich, man läuft noch knapp 45-60 Minuten über eine Staubstraße. Immer wieder kommen Autos vorbei und man muss sich das Gesicht abdecken um nicht den gesamten Staub einzuatmen. Sobald man aber Sisimiut erreicht hat, befindet man sich auf einer geteerten Straße. Man sieht bereits viele Schlittenhunde in ihren Aussengehegen. Im Winter lässt sich mit ihnen der Arctic Circle Trail in 3 Tagen absolvieren. Wenn man auf der Hauptstrasse bleibt, erreicht man automatisch das Hotel Sisimiut. Die Übernachtung hier ist recht teuer, aber die Auswahl in Sisimiut ist generell gering. Weiterhin gibt es hier ein Restaurant sowie eine Reiseagentur. Folgt man der Straße weiter, erreicht man viele große Supermärkte sowie kleinere Shops und Bars. Eine Metzgerei bietet Alles an, sowohl vom Land als auch aus dem Meer. Sollte man sich für die günstigere Übernachtungsmöglichkeit entschieden haben, die Jugendherberge, biegt man an der Kirche links ab. Der Weg führt die Straße hinauf bis man an einer T-Kreuzung ankommt. Hier befindet sich die Feuerwehr. Man biegt nach rechts ab und nach ein paar hundert Metern erreicht man zu seiner Linken die lang gestreckte grüne Jugendherberge. Muss man unterwegs dennoch nach dem Weg fragen, empfiehlt es sich auch hier, nach dem Vandrehjem zu fragen. 2012/2013 kostete eine Nacht hier inklusive Bettwäsche 200 Kronen. Die dritte Schlafoption ist das Sömandshjem. Es befindet sich hinter der Kirche weitere 200m Richtung Küste. Im Vandrehjm gibt es eine gut eingerichtete Küche, im Sömandshjem eine Kantine. Diese lässt sich auch besuchen wenn man dort nicht wohnt. Das Essen kostet 60 Kronen, an Sonntagen gibt es ein spezielles Menu für 65 Kronen. Zimmer sind hier allerdings wieder relativ teuer. Zu besichtigen gibt es den kleinen Hafen sowie kleinere Museen. Der Flughafen ist 5-6km ausserhalb. Taxen verqueren kontinuierlich durch Sisimiut und lassen sich einfach stoppen. Rund um Sisimiut gibt es viele Wandermöglichkeiten. Weiterhin bietet sich eine Schiffsreise nach Norden an, um das Packeis zu sehen.